Querida Vovó

Querida Vovó

Paula Ramos

3ª impressão

editora Original

Diretor editorial Marcelo Duarte
Coordenadora editorial Tatiana Fulas
Assistente editorial Karina Danza
Projeto gráfico Kiki Millan
Foto da capa Outras Imagens

Dados Internacionais de Catalogação na Publicação (CIP)
(Câmara Brasileira do Livro, SP, Brasil)

Ramos, Paula
Querida vovó / Paula Ramos. – 1. ed. –
São Paulo: Editora Original, 2004.

1. Avós – Fotografias 2. Avós – Psicologia
3. Avós e netos I. Título

04-6194 CDD-306.8745

Índices para catálogo sistemático:
1. Avós e netos: Relações familiares:
Sociologia 306.8745

2009

Rua Henrique Schaumann, 286, cj. 41 – 05413-010 – São Paulo – SP
Tel./Fax: (11) 2628-1323
edoriginal@pandabooks.com.br
www.pandabooks.com.br

Para minhas vovós Didi, Dodó e Izolina.

Quando estou triste ou desanimado,

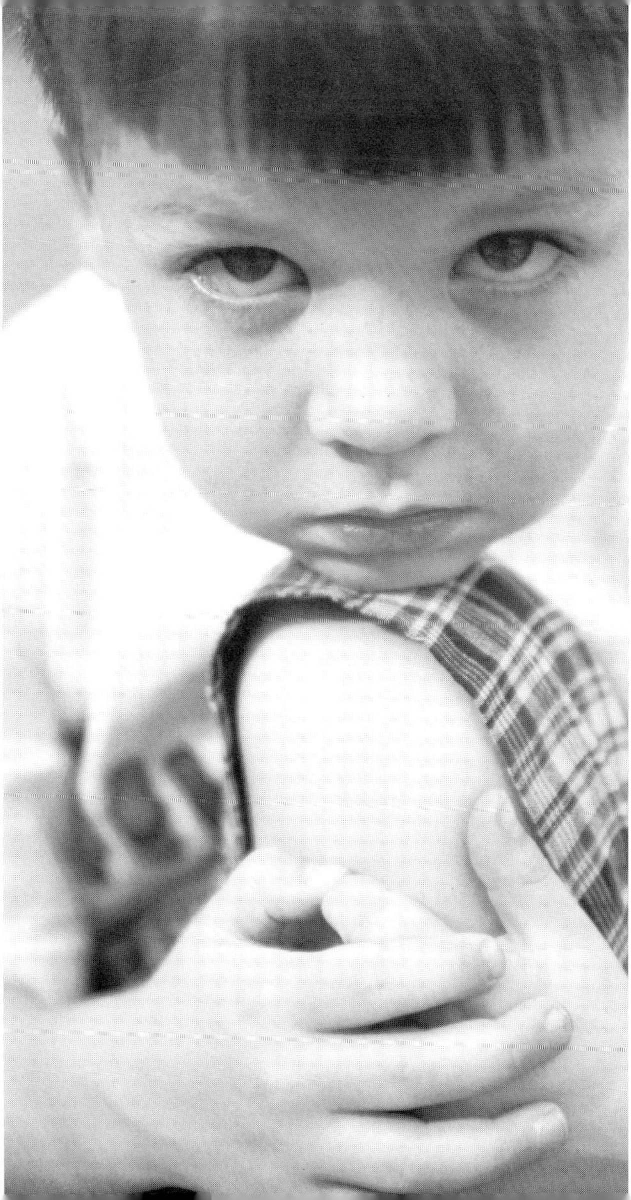

só um lugar me alegra rapidinho:

é o colo da vovó!

E tem colo mais macio?
Cafuné mais gostoso?

Mas quem tem vovó é feliz
por muitos outros motivos.

Ela conta histórias mesmo se já passou da hora de dormir,

faz bolo, mesmo que não seja dia de festa...

E não se cansa de dizer
"como meu neto é lindo!"

Ainda bem que mãe é uma só...
Mas vovó a gente pode ter duas!

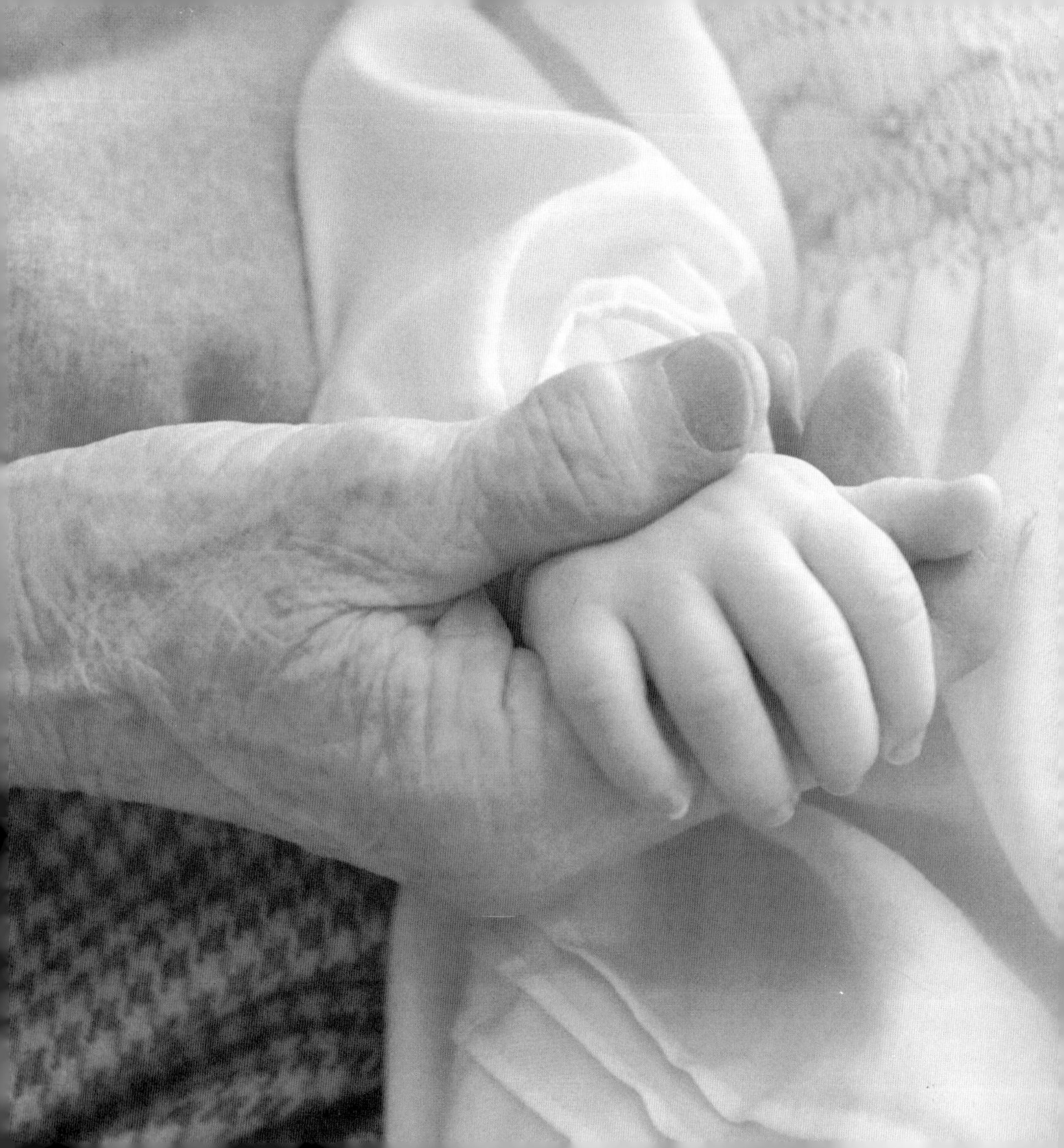

Tem vovó que mora perto,
e está sempre presente.

Vovó que mora longe –
e bate aquela saudade!

Vovó moderna, que me ensina a navegar na internet.

Vovó mestre-cuca,
que só cozinha
o que a gente gosta!

Vovó vaidosa,
que não sai de casa
sem batom.

Vovó esportista,
que curte
apostar corrida.

Vovó natureba, que adora bichinhos e plantas.

E, é claro, a vovó sapeca, a melhor de todas.

É ela que deixa tomar banho de mangueira...
(de roupa e tudo!)

Tomar sorvete no inverno...

Assistir à televisão até altas horas...

Fazer guerra de travesseiro...

E outras coisinhas que deixariam a mamãe hum.... louca!

Às vezes também tem a vovó-bronca.

Aí, é o fim do sorvete e da brincadeira.

Mas ela sabe o que é melhor pra gente.
Afinal, ela já foi mãe, né?

E quer saber um segredo?

Sermão de vovó é mais rápido que o de mãe: acaba num instantinho.

É a brincadeira começa toda de novo!

A vovó está sempre preocupada com a gente.

No frio tricota mil gorros e cachecóis.

No calor faz bastante limonada.

Compra vestido novo.

Até inventa roupa de super-herói!

A vovó não é uma gracinha?

Ela é uma verdadeira artista!

Será que tem curso para ser vovó?
Pois a minha ia sempre tirar dez!

Ela se preocupa tanto comigo!

Se estou bem de saúde...

Se eu comi tudo no café, almoço, jantar...

E se ainda sobrou lugar para uns salgadinhos!

Está em todos os meus aniversários.

Chora no casamento...
mas é de alegria, viu?

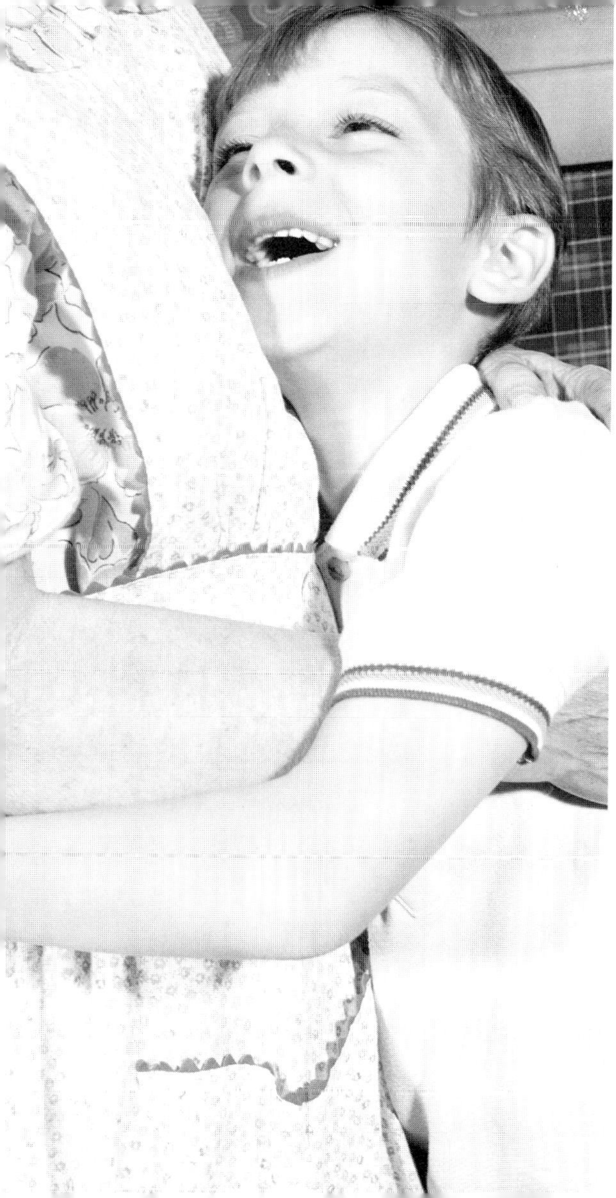

Assim,
dá gosto ser neto!

Minha querida vovó,

muito obrigado por tudo!

CRÉDITO DAS IMAGENS

Getty Images

páginas 7, 8, 9, 14, 15, 20, 24, 25, 29, 32, 33, 34, 37, 40, 42, 43, 44, 45, 49, 50, 51, 52, 54, 57, 58

Outras Imagens

páginas 10, 12, 16, 17, 18, 22, 26, 27, 28, 30, 31, 35, 38, 46, 47, 48, 53, 55, 56, 59

RR DONNELLEY
MOORE

IMPRESSÃO E ACABAMENTO
Av Tucunaré 299 - Tamboré
Cep. 06460.020 - Barueri - SP - Brasil
Tel.: (55-11) 2148 3500 (55-21) 2286 8644
Fax: (55-11) 2148 3701 (55-21) 2286 8844